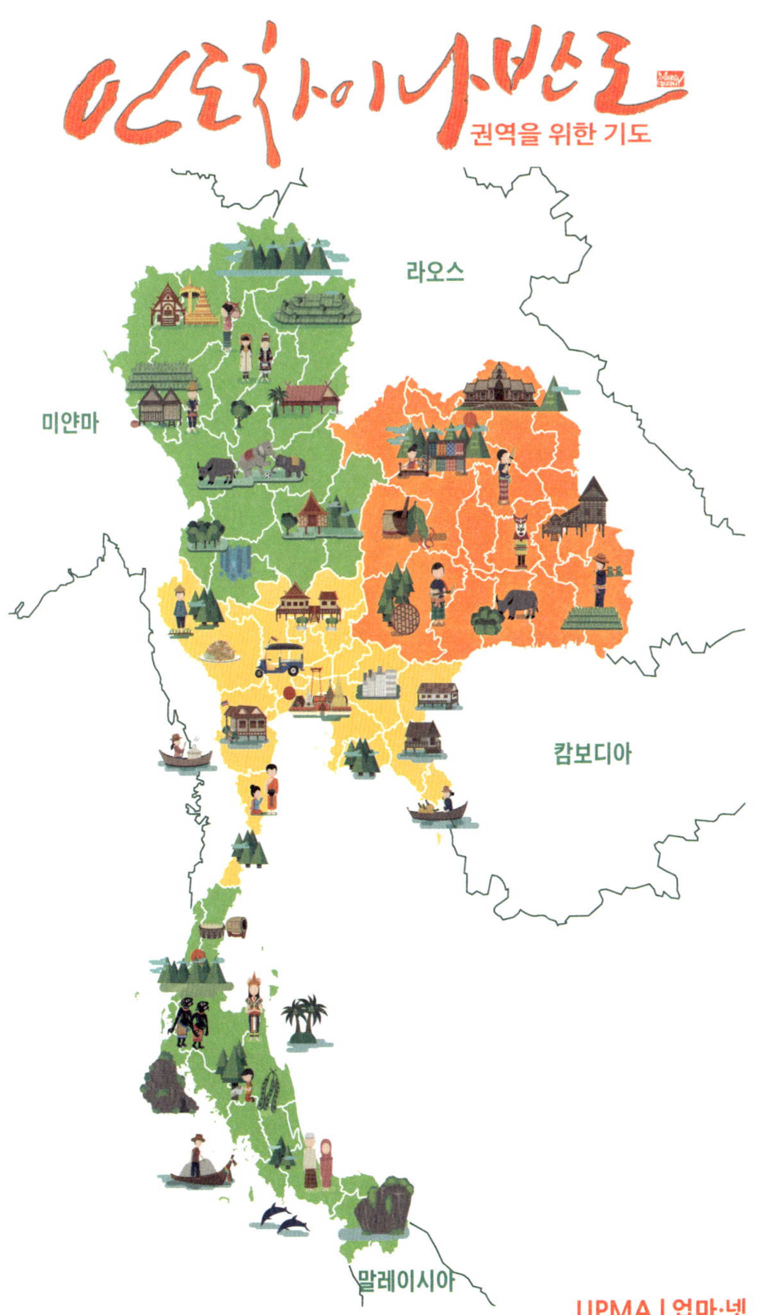

권역을 위한 기도
라오스
미얀마
캄보디아
말레이시아
UPMA | 업마·넷

인도차이나반도권역을 위한 기도

초판발행	2021년 5월 20일
지은이	IMPAC(종족과도시선교연구소) 리서치팀
발행	UPMA │ 업마·넷
발행인	정보애
편집인	강호세아
원고	채형림, 강호세아
캘리그래픽	이화성
디자인	장영순
주소	서울시 영등포구 버드나루로 51 조광빌딩 301호
전화	02) 815-4052~4
팩스	02) 815-4056
홈페이지	www.upma21.com
전자우편	upma21@gmail.com
ISBN	979-11-952933-6-0

IMPAC │ 종족과도시선교연구소
Institute for Mission to People And City

(본서를 발행한) 종족과도시선교연구소(IMPAC)는 UPMA의 '도시와 사람들(City & People)' 전략관점에 기초한 관문/거점 도시와 미전도종족 선교전략개발 사역을 위해 설립된 현장중심의 전문 연구기관입니다.

업마·넷

업마 • 넷은 UPMA(미전도종족선교연대)가 한국선교를 섬기기 위해 연구개발한 자료들을 출판하는 공식지정기관입니다. 본서를 포함한 업마 • 넷의 모든 출판물들은 저작권법에 의해 보호받는 UPMA 또는 저작권자의 고유한 지적재산이므로 승인 없이 어떠한 형태로든지 일부 또는 전부를 무단 복제하거나 다른 매체에 기록하는 등의 임의적 사용을 할 수 없습니다.

네 장막터를 넓히며 네 처소의 휘장을 아끼지 말고 널리 펴되
너의 줄을 길게 하며 너의 말뚝을 견고히 할지어다
이는 네가 좌우로 퍼지며 네 자손은 열방을 얻으며
황폐한 성읍들을 사람 살 곳이 되게 할 것임이라
(이사야 54장 2-3절)

IMPAC | 종족과도시선교연구소
Institute for Mission to People and City

UPMA | 업마·넷

Contents

'인도차이나반도권역을 위한 기도' 사용설명서

본 '인도차이나반도를 위한 기도'는 UPMA(미전도종족선교연대)의 SIReN(전략정보연구네트워크)선교사들이 2016년부터 2019년까지 4년에 걸쳐 수행한 '태국 중심의 인도차이나반도권역 선교현장 리서치'의 내용을 기반으로 현장 중심의 기도제목을 제공하기 위해 작성된 중보기도 도움자료이다.

지금까지 여러 훌륭한 중보기도자료들이 많이 나와 있지만, 우리는 여기에 더하여 보다 직접적이고, 현장적인 내용을 담고자 고민했다. 어찌하였든지 직접 현장을 다니며, 현지인들과 사역자들을 만나며, 그들이 살아가는 자연과 환경을 직접 느끼고 경험하며, 바로 그 현장 속에서 그들의 필요와 고민, 선교적 기회와 이슈들을 찾으려고 노력했다. 각 나라의 관문/거점도시들은 물론 현지인조차 다 다니지 못하는 지방의 중소도시, 우기 때면 길이 끊겨 들어가지도 못하는 시골까지 선교적 필요가 있으면 어디든 가게 하셨고, 그 덕에 현지에 익숙한 거주자들은 미처 보지 못하는 나그네만이 볼 수 있는 여러 선교적 이슈들을 보게 하시는 은혜를 경험할 수 있었다.

이 책자는 각 기도제목마다 사실적인 현장의 상황과 이슈들에 대한 간략한 배경설명과 함께 작성되었기 때문에 이 책자만으로도 어디에서든지 개인 또는 공동체가 함께 인도차이나반도를 위한 중보기도에 동참할 수 있도록 작성되었다. 한편 모든 기도제목들은 UPMA의 '태국 중심의 인도차이나반도권역 선교현장 리서치' 단행본 보고서 자료에 기반하고 있기 때문에 보다 상세한 현장 이해와 추가적인 정보를 얻고 싶은 분들을 위해 기도제목 말미에 관련된 단행본 보고서 목차와 페이지를 함께 수록해 두었으니 이를 참조해서 인도차이나반도에 대한 보다 깊은 이해와 중보기도의 자리로 나아갈 수 있을 것이다. 또한 여러 자리에서 활용할 수 있도록 이 자료를 영상화해서 중보기도에 더 도움이 되도록 준비할 예정이다.

이 기도책자는 바로 그러한 현장을 발로 누빈 우리 사역자들의 피땀 어린 수고와 그 곳의 정치, 경제, 사회, 문화 모든 영역을 막론하고 그 속에서 발견한 그 땅의 주인이신 하나님 아버지의 마음이 담겨져 있다. 집필자 중 한 사람으로서 원 연구 원고를 작성할 때보다 이 기도제목을 작성할 때 현장에 대한 하나님 아버지의 마음을 더 절실하게 느낄 수 있었고, 지금도 기도제목을 대하면 그 감동과 은혜가 고스란히 전해지는 것 같다.

아무쪼록 본 기도책자가 인도차이나반도와 그 땅의 미전도종족들을 사랑하며, 그 땅을 복음화하는 선교에 중보기도로 동참하기 원하는 모든 믿음의 동역자들에게 작은 도움과 은혜의 통로가 되시기를 바란다. 특히 전반부 내용은 함께 현장사역에 동역한 채형림 선교사의 수고로 작성되었기에 채형림 선교사께 심심한 감사의 인사를 전한다.

2021년 5월 편집인

치앙마이, 치앙라이, 매솟, 매사이 미얀마 이주민

1. 인도차이나반도 국가들(태국, 미얀마, 라오스, 베트남, 캄보디아) 간의 경제 개발을 위한 국가 개방과 교류가 전방개척권역 미전도종족들에게 복음이 흘러가는 기회가 되는 대부흥의 날이 오기를 소망하자. 특히 아시안 하이웨이(Asian Highway)가 복음의 하이웨이로 쓰임받게 되기를 기도하자.

2. 태국에 거주하는 350만이 넘는 이주 근로자들 중 미전도종족들[미얀마 주종족 버마(Burmese) 족, 라오스 주종족 라오(Lao) 족, 캄보디아 주종족 크메르(Khmer) 족 등]이 타국에서 일하는 동안 그리스도의 사랑을 접하고 진리의 복음을 듣게 되는 기회가 주어지기를 위해 기도하자. 더불어 이들을 위해 복음을 전할 수 있는 사역자가 준비되도록 기도하자.

3. 태국 북부지방[치앙마이(Chiang Mai), 치앙라이(Chiang Rai)]과 국경지역[매솟(Mae Sot), 매사이(Mae Sai)]의 미얀마 이주민 교회들이 민족복음화의 꿈을 품고 강력한 불교문화에 싸여있는 미얀마 본토에 복음을 전하고 교회를 세우려는 시도가 계속적으로 일어나도록 기도하자. 태국 내 미얀마인 교회 성도들이 잘 성장되어 고향으로 돌아가 주변인들에게 영향을 끼칠 수 있는 그리스도인이 되도록 기도하자.

4. 태국 내에서 미얀마인들에게 복음
   을 전하며 길을 만들어 온 한국선
   교사, 서양선교사, 미얀마 목회자
   들을 위로하시고 필요(인적, 영적,
   재정)를 채워주시기를 기도하자.

5. 태국 내 미얀마인 사역을 하는 그레이스 선교부 6가정이 성령 안에서 하나
   되고 선교부가 개척한 50여개 교회들의 자립이 건강하게 이루어지고 성경
   적인 재생산이 이루어지는 교회로 세워지도록 기도하자.

태국 북부와 미얀마

태국 북부 이주민, 샨 족 선교

1. 인도차이나반도에 주요 경제회랑들이 이어지면서 새롭게 부각되고 있는 관문도시(Gateway city)들을 통해 선교적 돌파와 미전도종족선교의 기회들이 열리고 있다. 인도차이나반도에 새롭게 일어나는 도시들이 복음이 흘러가는 통로가 되도록 기도하자.

2. 태국 북부의 치앙마이(Chiang Mai), 치앙라이(Chiang Rai), 치앙샌(Chiang Saen)은 미얀마와 라오스 등 인도차이나반도권역과 중국 남부 소수민족 지역으로 들어가는 태국의 중요한 관문이다. 이 지역에 거주하는 미전도종족들[특히 미얀마의 버마(Burmese) 족, 샨(Shan) 족, 라오스의 라오(Lao) 족, 중국 소수민족 등]이 복음에 더 많이 노출되고 주님을 속히 만나게 되도록 기도하자.

3. 태국 북부 지역 이주근로자의 대부분은 미얀마에서 온 사람들이다. 태국 지역교회들과 성도들이 살 기회를 찾아 낯선 곳에서 힘겨운 삶을 살아가는 이들에게 따뜻함과 넉넉함으로 '마음의 고향'과 같은 친구가 되어 주도록 기도하자. 그리고 이를 통해 그리스도의 사랑이 전해지도록 기도하자.

4. 치앙마이 이주근로자들의 대부분은 미얀마인이며, 그 가운데 다수는 스스로를 'Tai Yai(Great Thai)'라고 칭하는 샨 족들이다. 이들은 태국 타이(Thai) 족과의 언어종교적인 종족 유사성을 바탕으로 태국에 빠르게 적응하고 있다. 이들이 태국 세속문화에 물들기 전에 복음과 예수를 먼저 영접하여 훗날 자신들의 고향을 위한 복음 전도자와 지도자로 거듭나도록 기도하자.

5. 치앙마이 내 샨 족들을 위한 교회인 샌사란 교회의 전진영 선교사와 나자루 전도사를 위해 기도하자. 특히 나자루 전도사는 치앙마이의 샨 족 복음화를 위해 가족을 떠나 홀로 사역하고 있다. 하나님께서 그를 위로해주시고, 본국에 있는 가족들의 평안을 지켜주시도록 기도하자. 더불어 태국 내 샨 족 이주근로자들을 위한 사역자를 보내 주셔서 이들과 함께 강력한 팀 사역을 이룰 수 있도록 기도하자.

6. 샨(Shan) 족은 미얀마 내 버마(Burmese) 족 다음으로 큰 종족 그룹(약 470만명)이다. 샨 족 선교를 위해 헌신할 한국의 입양교회들이 생겨나도록 기도하자. 이를 통해 복음화율 1% 미만인 샨 족에 하나님의 교회가 일어나도록 기도하자.

기도제목 관련 글: IMPAC, 태국 중심의 인도차이나반도권역 선교현장 리서치

- 태국 북부 관문 도시가 주는 기회(130p, CAS 7호)
- '타일랜드 드림'을 꿈꾸는 미얀마 사람들(160p, CAS 7호)
- 13세기 란나왕국의 관문도시 세 곳의 '치앙'(112p, CAS 7호)
- 치앙마이 샨 족 교회 나자루 전도사(212p, CAS 7호)

태국의 미얀마 난민, 태국 국경의 카렌 족 교회, 몰레먀인과 몬 족

1. 미얀마에서 세 번째로 규모가 큰 카렌 족은 영국 식민시대에 복음화된 종족으로 이후 카렌 족 민족주의 조직을 이끈 리더들 중에는 크리스천이 많다. 그러나 세속화의 속도도 빨라 재복음화가 필요한 시점이다. 카렌 족의 다음 세대들이 명목상의 크리스천이 아니라 복음으로 거듭난 크리스천으로 변화되어 다문화된 카렌[Karen, 또는 꺼인(Kayin)] 주(State)의 미전도종족에게 복음을 전할 수 있는 통로로 강력하게 사용되어지도록 기도하자.

2. 군부시대 때 탄압을 피해 수많은 카렌 족이 국경을 넘어 태국 혹은 제3국에서 난민으로 살아간다. 특히 태국 국경지역의 교회에는 카렌 족 교회 지도자들이 많은데 이들이 열린 복음의 시기에 미얀마 이주자들을 섬기는 건강한 리더십으로 바로 세워지도록 기도하자.

3. 미얀마의 개신교 선교가 시작된 지 214년(2021년 기준)이 되었다. 불교의 강력한 장벽에도 불구하고 믿음을 굳게 지켜오게 하신 주님께 감사하며, 이 시기를 돌파의 기회로 삼아 미얀마 교회들이 한 마음으로 종족의 갈등을 넘어 모든 종족들에게 복음이 편만하게 전파될 수 있도록 지혜를 모으고 힘쓸 수 있도록 기도하자.

4. 몰레먀인(Mawlamyine)은 불교의 뿌리가 강력한 몬(Mon) 족의 거주지이
기도 하지만, 미얀마 선교의 아버지라 불리는 아도니람 저드슨(Adoniram
Judson)이 미얀마 선교를 위해 힘썼던 지역이며, 몬 종족을 위한 사역이 활
발히 일어났던 곳이다. 이곳에는 제1침례 교회를 비롯한 기독 역사 유산이
많이 남겨져 있다. 역사 유산만을 유지하는 곳이 아닌 믿음을 계승하고 몬
족 가운데 영적 부흥의 시기가 열리도록 기도하자. 아울러 몬 족을 위해 함
께 협력하고 있는 한국의 서울남교회와 파송 선교사가 지치지 않고 지속적
으로 현지 교회가 바로 세워져가는 일에 힘을 모을 수 있도록 기도하자.

기도제목 관련 글: IMPAC, 태국 중심의 인도차이나반도권역 선교현장 리서치

- 키워드로 보는 아도니람 저드슨과 미얀마 선교역사(96p, CAS 8호)
- 국경 도시에 살고 있는 미얀마 사람들(166p, CAS 8호)
- 미얀마의 독특한 매력에 빠지다(172p, CAS 8호)

미얀마, 미얀마 샨 주, 샨 족 선교, 싸이 묘민 목사

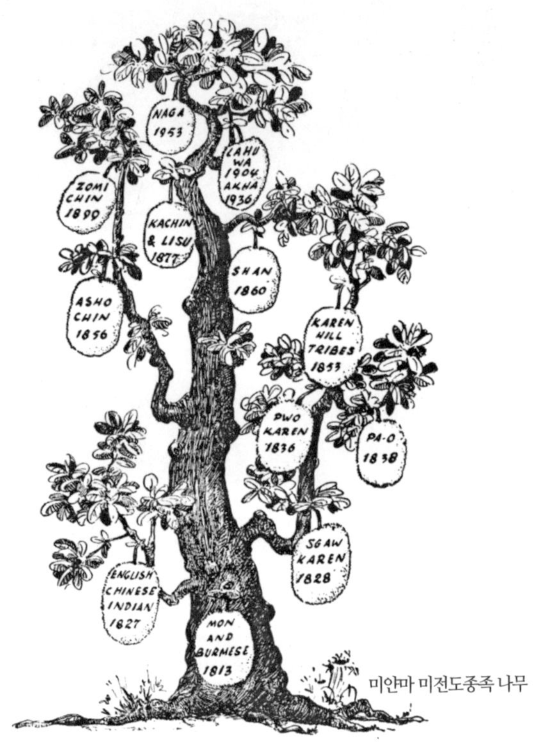

미얀마 미전도종족 나무

1. 미얀마는 지금 지역, 종족, 종교 갈등의 딜레마로 국가 통합의 어려움을 겪고 있다. 전체 인구의 약 70%로 주류민족인 버마(Burmese) 족과 비(非) 버마 족들간의 갈등은 복음 전파에도 영향을 미치고 있다. 그러나 이러한 갈등이 능력 있는 복음이 전파되는데 장벽이 될 수 없음을 선포하며, 사랑으로 하나되게 하시는 성령님의 능력이 미얀마에 임하도록 기도하자.

2. 영국 식민지 시절 분할통치가 종족갈등을 유발했다는 비판을 받고 있다. 당
    시 선교사들의 복음 전파도 버마 족을 제외한 비버마계[카렌[Karen, 또는
    꺼인(Kayin)], 카친(Kachin) 족, 친(Chin) 족 등의 정령숭배 소수민족들]를
    중심으로 이루어지면서 복음화된 소수종족들의 교회는 빠르게 성장한 반면,
    주요 불교 종족들[버마 족, 샨(Shan) 족, 몬(Mon) 족]의 교회는 더디게 성
    장하고 있다. 복음화된 소수종족의 건강한 리더들이 종족의 갈등을 넘어 미
    얀마의 주요 불교종족들에게 복음을 전하도록 도전하시고 협력과 균형을 이
    룰 수 있도록 기도하자.

3. 미얀마의 샨 족은 지리적, 역사적, 문화적으로 미얀마의 다른 종족들과 상당
    히 독립적인 편이다. 태국의 미얀마 이주민사회에서도 샨 족 교회는 따로 세
    워질 정도로 다른 민족과 잘 섞이지 않는 독특성이 있다. 게다가 샨 족 교회
    내에 리더십이 부족함에도 외부 도움의 손길에는 소극적인 반응을 보인다.
    이러한 샨 족을 함께 짊어지려는 열린 마음의 사역자를 이들에게 보내시고,
    샨 족 내에 건강한 리더들이 양육되어 샨 족 불교도들에게 복음을 전하는 책
    임을 다할 수 있도록 기도하자.

4. 동부 샨 주는 과거 아편 공급지라는 오명을 안고 오랜 세월 어두움의 땅으로
   인식되어 왔다. 또한 이 지역 사회에 필요한 기반시설도 열악한 수준이다.
   어두움에서 빛으로 나아오게 하시는 복음의 능력이 과거 샤오파(Saohpa,
   '하늘의 군주'라는 뜻)의 땅으로 불렸던 샨 주를 만유의 주인되신 '예수 그리
   스도'의 통치를 받는 참된 샤오파의 땅이 되도록 기도하자. 그로 인해 삶의
   변혁이 일어나는 민족이 되도록 기도하자.

5. 미얀마 샨 족 선교는 1860년 시작된 이후 무려 161년이나 지났다. 그러나
   초기 선교전략의 한계와 선교가 채 성숙하기 전에 닥친 대공황과 전쟁 등의
   불가항력적인 외부 악재들로 인해 선교가 단절되면서 여전히 복음화율 1%
   미만의 미전도종족으로 남아 있다. 이제 다시 찾아온 미얀마 개방의 시기를
   맞아 구령의 열정과 건강한 교회 개척의 소망을 가진 선교사와 입양 교회가
   다시 샨 족 복음화를 위해 헌신할 수 있도록 기도하자.

6. 치앙라이(Chiang Rai) 그레이스 교회의 사역자 싸이 묘민, 느뽀시 부부를 축복하며 기도하자. 이주민교회를 섬기는 이들의 수고를 통해 수많은 미얀마인들이 예수 그리스도의 빛 가운데로 나와 삶의 변화를 이루었다. 이들의 다음세대까지 믿음이 계승되어 이주민 사회뿐만 아니라 자신들의 민족교회를 섬기는 세대로 세워주시기를 기도하자.

기도제목 관련 글: IMPAC, 태국 중심의 인도차이나반도권역 선교현장 리서치

- 샨은 왜 아직도 1%인가? 샨 선교역사 뒤짚어 보기(136p, CAS 9호)
- 마이순 카~ 짜이퉁(180p, CAS 9호)
- 미얀마의 주요 8대 종족집단과 거주지역(186p, CAS 9호)
- 치앙라이 미얀마 이주민 교회 싸이 묘민 목사(216p, CAS 9호)
- 미얀마 역사와 문화를 형성한 3대 종족: 버마, 샨, 몬(102p, CAS 9호)

태국 북부와 미얀마

미얀마 라카인 주, 미얀마 로힝야 족 선교

1. 미얀마 내에서 버마 족 군사정부, 이슬람 혐오주의, 불교 민족주의, 라카인 극우 불교주의의 결합은 전체 인구 70%의 주류민족인 버마 족과 비(非)버마 족들간의 갈등을 심화시키고 있다. 갈등을 종식시키고 평화가 임하게 할 복음이 하루 빨리 선포되게 하시고, 위정자들에게 주님의 지혜를 주셔서 국가 갈등을 해결할 수 있는 가장 안전한 정책이 논의되고 실행되도록 기도하자.

2. 미얀마 라카인(Rakhine) 주(State)에 남은 로힝야(Rohingya) 족은 영국 식민 지배를 불러오게 되는 '미얀마의 비극의 씨앗'이라는 과거의 오명으로 지금까지 고통받아오고 있다. 고아처럼 누구도 지켜줄 이가 없는 60만명의 로힝야 족 난민을 불쌍히 여겨주시고 살 곳을 찾아 국경을 넘은 이들에게 흉악

의 결박을 풀어 주시고 위로하시는 주님이 친히 찾아가 주셔서 보듬어 주시길 기도하자. 더불어 이곳에 주님의 마음으로 이들을 섬길 수 있는 주님의 일꾼들과 연결되는 계기가 마련되도록 기도하자.

3. 라카인 주는 로힝야 이슈만이 아니라 복음화 측면에서도 가장 소외되어 있는 곳이다. 라카인 주에는 30% 이상의 로힝야 족 무슬림들과 50% 인구에 달하는 라카인 족 불교도들이 복음에 가려진 채 살아가고 있다. 접근성과 기반시설 부족으로 극소수의 일꾼들만이 이들을 위해 일하고 있는 것으로 알려져 있다. 이들을 위한 일꾼들이 세워지고 일꾼들이 안전하게 사역할 수 있는 환경이 마련되도록 기도하자.

> **기도제목 관련 글: IMPAC, 태국 중심의 인도차이나반도권역 선교현장 리서치**
>
> - 미얀마 라카인과 로힝야, 그 슬픈 역사의 기원(146p, CAS 10호)
> - 로힝야 사태 팩트체크(154p, CAS 10호)
> - 웨린의 라카인주 여행 이야기(190p, CAS 10호)

태국 동북부와 라오스, 캄보디아

태국의 4대 주요 종족, 이산, 코랏,
나콘 라차시마, 웨슬리국제학교

1. 태국은 주류 종족으로 불리는 중부지역의 타이(Thai) 족과 북부의 고산 족과 중국인, 미얀마 이주민, 동북부의 이산인, 남부의 말레이 무슬림(Malay Muslim) 등 4개 지역과 종족으로 구분 된다. 이 지역들은 때로 역사, 문화적 이질감과 배타적 정서로 인한 대립과 충돌이 발생하기도 한다. 따라서 태국 각 지역에 대한 다양한 필요를 충분히 이해하고, 한 지역으로 치우치지 않는 태국 전체를 대상으로 한 선교 돌파가 일어날 수 있도록 기도하자.

2. 태국은 인도차이나반도 권역 중앙에 위치하면서 접근성과 경제적인 면에서 주변 국가들(미얀마, 라오스, 캄보디아, 말레이시아 등)에 직간접적으로 많은 영향을 미치는 관문국가(Gateway Country)이다. 한국교회가 이러한 태

국과 태국인에 대해 선교적 관점으로 이해하고 나아가 태국을 통해 인도차 이나반도권역의 복음화를 위한 전략적 거점지가 마련될 수 있도록 기도하자.

3. '이산(Isan)'이라 불리는 태국의 동북부 지역은 역사적으로 라오(Lao) 족과 크메르(Khmer) 족 문화의 혼합요소가 정체성 형성에 큰 영향을 끼쳤다. 14 세기 란쌍(Lanxang) 왕국이 라오 족을 이산 지역으로 대거 이주시키면서 라오 족이 이산 지역의 다수를 차지하게 되었다. 이들은 혈통적으로 라오 족에 뿌리를 두고 있으나 정치·경제적으로 태국이라는 국가적 테두리 안에서 독특한 '이중 정체성'을 형성하게 되었다. 이들이 그 가운데 느끼는 정서적, 영적 공허와 갈증이 생명수되신 예수 그리스도로 채워지는 역사가 일어나도록 기도하자.

4. 태국 면적의 ⅓ 규모인 이산 지역은 국민소득이 전국에서 가장 낮은, 국가 발전에서 소외된 지역이었다. 최근 중국의 일대일로(一帶一路) 정책 중 하나인 고속철도 건설과 아세안 경제 공동체(AEC; ASEAN Economic Community) 출범으로 인해 이산 지역의 가치가 급부상하면서 향후 급격한 변화가 예상된다. 이 변화와 함께 이산의 주요 관문도시[코랏(Khorat), 콘깬(Khon Kaen), 우돈타니(Udon Thani), 우본 라차타니(Ubon Ratchathani) 등]뿐 아니라 이산 지역 곳곳마다 복음이 확산되어 갈 수 있도록 태국의 교회들과 사역자들에게 주님께서 구령의 열정을 부어주시도록 기도하자.

5. 코랏 이라고도 불리는 나콘 랏차시마(Nakhon Ratchasima)는 이산 지역에서 가장 큰 도시이자 태국 중부의 방콕(Bangkok)을 기준으로 이산지역의 첫번째 도시로서 태국 중부와 동북부(이산) 지역을 이어주는 관문도시의 역할을 하는 곳이기도 하다. 이 지역은 불교와 함께 과거 란쌍 왕국의 침략을 막아낸 '타오 수라나리'를 역사적인 영웅 이상으로 숭배한다. 이와 같은 헛된 우상숭배에서 벗어나 이 도시를 통해 이산 지역은 물론 태국 전체에 주님의 평화가 흘러갈 수 있도록 기도하자.

6. 최근 코랏에 건강한 기독국제학교(Wesley International School)가 설립되었다. 현지인 선교목적의 학교이지만, 이산 지역 선교사 자녀들에게도 좋은 교육 기회가 열린 것을 감사하고 축복하자. 이 학교를 통해 기독교에 기반한 바른 교육이 이루어지고, 코랏 인근 중상류층 태국인들에게 복음이 전해질 수 있는 통로가 열리도록 기도하자.

태국 동북부와 라오스, 캄보디아

관문도시로서의 태국, 콘깬, 이산 지역의 성도들과 선교사

1. 태국에서 인구 규모가 큰 지역을 꼽는다면 방콕을 제외하고 코랏(Khorat), 우본 라차타니(Ubon Ratchathani), 콘깬(Khon Kaen) 등 이산 지역이 다수를 차지한다. 인구 규모로도 태국 동북부 이산(Isan)의 인구는 태국 전체 인구의 ⅓(약 2,300만명)을 차지하는 무시할 수 없는 규모다. 하지만 태국 내 이산 지역의 기독교인 비율은 방콕(13%)이나 치앙마이(Chiang Mai, 23%)에 비해 현저히 떨어지는 2%이하이며, 평균 0.2%의 복음화율을 보이는 거대 미복음화 지역이다. 태국에는 약 1천 여 명의 선교사가 사역 중이지만 약 80단위의 선교사만이 이 지역에서 사역하고 있어 선교의 불균형이 눈에 띄게 드러나고 있다. 한국교회와 교단, 선교단체가 복음 전파의 시급성과 우선성 면에서 매우 중요한 태국의 선교적인 필요에 눈을 떠 이산 지역과 사람들에 대한 관심과 지원을 적극적으로 제공하고, 이 지역에 필요한 일꾼들이 들어갈 수 있도록 기도하자.

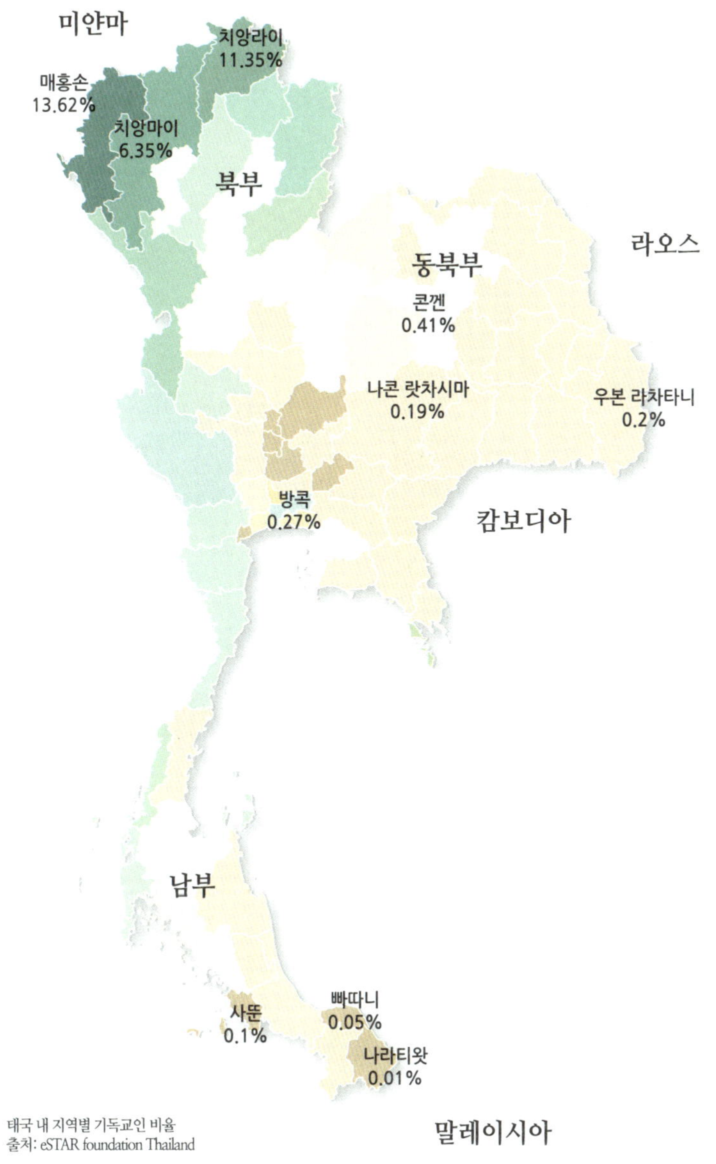

태국 내 지역별 기독교인 비율
출처: eSTAR foundation Thailand

2. 태국 이산 지역의 초기 선교역사에 있어서 C&MA(The Christian and Missionary Alliance)와 그들이 개척한 교회들이 수고한 흔적들은 코랏, 우본 라차타니, 콘깬, 우돈타니(Udon Thani)에 이르기까지 이산 주요 지역에서 지금도 생생히 남아 후대 선교사들에게 도전과 자산이 되어 주고 있다. 이 수고의 흔적을 이어받아 이산 지역에 복음의 불을 지피고, 현지 교단과의 협력으로 강력한 현지교회를 세우는 일꾼들이 세워질 수 있도록 기도하자. 실제로 이산 지역에서 사역하고 있는 선교사님과 태국 교회 리더들 위에 기름 부으사 복음과 사랑으로 섬기는 모범이 뿌리내릴 수 있도록 기도하자.

3. 이산지역은 전국에서 가장 낮은 국민소득을 보이는 국가발전에서 소외된 지역이었다. 고속철도 건설과 아세안 경제 공동체(AEC; ASEAN Economic Community) 출범으로 변화가 일어나고 있지만 여전히 젊은이들이 일자리를 찾아 도시로 이주하는 현상이 증가하고 있다. 방콕(Bangkok)이나 타 도시, 타국에서 누군가의 도움이 절실한 이산인들에게 그리스도의 사랑을 전하고 마음을 나눌 수 있는 크리스천 친구들이 늘어나도록 기도하자. 이들로부터 생명의 떡과 생명수 되신 예수 그리스도를 전해 듣고 믿어 삶이 변화되고, 나아가 자신의 고향으로 돌아가 복음이 확산될 수 있는 전도자로 세워질 수 있도록 기도하자.

4. 콘깬은 이산 지역의 교육, 금융, 정부 공공기관, 교통의 중심도시이다. 광역 메콩(Mekong) 강 지역(GMS)의 중국에서부터 연결되는 북남(NSEC; North-South Economic Corridor)경제회랑과 베트남에서 미얀마로 가는 동서경제회랑(EWEC; East-West Economic Corridor)이 만나는 교차점이 되는 곳이기도 하다. 이런 장점을 살려 매년마다 열리는 국제 실크 축제는 아세안 국가들의 다양한 상품이 교류되는 장이 된다. 뿐만 아니라 이산 최고의 대학인 콘깬 대학교는 메콩 강 지역 교육 센터의 역할을 하고 있어 교육의 허브역할도 감당하고 있다. 콘깬의 대학생들이 복음을 접촉할 수 있는 기회가 생기고, 이들이 복음으로 변화 받아 이산 지역의 건강한 리더로 서게되는 날이 이르도독 기도하자. 콘깬이 발달된 교통 인프라를 통해 아세안 곳곳으로 복음이 흘러나가는 전진기지가 되고, 이산 지역뿐 아니라 아세안 지역 복음의 중심도시가 되도록 기도하자.

5. 태국 이산 지역의 교회와 성도들을 축복하며 기도하자. 특별히 불교가 강한 공동체 안에서 그리스도인으로 살아가는 일은 순교의 정신없이 불가능하다. 이산 지역에는 교회는 있으나 사역자가 없는 경우가 많고, 이들을 인도할 수 있는 리더가 부족한 실정이다. 특별히 콘깬의 송형관 선교사와 제자들은 안디옥제자훈련센터(ATC ; Antioch Training Center) 제자훈련을 통해 사람을 세우는 일에 집중하고 있다. 이곳에서 훈련받은 이들이 이산 지역과 태국 전역에서 건강한 리더로 세워지도록 기도하자. 그리고 태국 현지교단과도 협력하며 사역하고 있는데 이 사역에 어둠이 틈타지 못하도록 기도하자.

기도제목 관련 글: IMPAC, 태국 중심의 인도차이나반도권역 선교현장 리서치

- 태국 이산 선교의 기초를 닦은 C&MA(228p, CAS 12호)
- 이산의 선교적 기회(298p, CAS 12호)
- Calm & Fast, 이산의 중심 콘깬(360p, CAS 12호)
- '현지 교단과 함께 성장하다, 송형관 선교사(442p, CAS 12호)

태국 동북부와 라오스, 캄보디아

이산, 태국 현대사, 우돈타니, 국내 이주민

1. 태국의 현대사는 쿠데타의 역사라 해도 과언이 아니다. 지난 100여 년 동안 무려 21차례의 쿠데타가 일어났기 때문이다. 그중 15건의 쿠데타는 2016년 서거한 라마 9세 푸미폰 아둔야뎃(Phumiphon Adunyadet) 국왕의 70년 치세 중에 일어났다. 이에 일각에서는 '왕실-군부-불교'의 권력 네트워크가 입헌군주제 하에서 쿠데타를 통해 민주적으로 집권한 반대파를 적절히 제거함으로써 권력을 유지해왔다고 평가하기도 한다. 이제 2014년 쿠데타를 통해 집권한 현 내각은 계속되는 총선 요구 여론에 직면하여 2019년 총선 실시를 약속하였다. 이 총선을 통해 향후 태국이 민주사회로 새롭게 될 뿐 아니라 누구나 하나님의 공의와 그리스도의 평화를 누릴 수 있도록 기도하자.

2. 우돈타니(Udon Thani)는 이산의 가장 활발한 상업 도시라 할 수 있다. 제싸다보딘(Jessadabodindra, Rama III) 왕 통치 동안 이주해 온 중국인들의 활발한 교역으로 상업도시로의 기틀을 마련했고, 베트남 전쟁 당시 우돈타니에 주둔했던 미군을 위한 바(bar), 커피숍 및 호텔 등 유흥시설들로 인해 우돈타니은 한때 호황을 누렸다. 그리고 현재, 라오스와 중국 등 아세안 국가들의 교역이 증가하면서 우돈타니는 아세안(ASEAN)의 경제 허브도시로의 역할을 꾀하고 있다. 그러나 가장 적은 수의 선교사들만이 우돈타니에 거주하며 사역하고 있다. 외부인과의 접촉이 자유로웠던 우돈타니에 외부인으로 들어온 선교사들과 믿음의 형제들로 인해 도시가 영적으로 황금기를 누리는 시기가 임하길 기도하자.

3. 우돈타니는 라오스를 이웃 국가와 연결해주는 중요한 거점도시로, 라오스가 우돈타니에 미치는 경제적인 영향력 또한 상당하다. 역사적으로도 한때 라오스의 영토였다는 점과 라오 민족들이 살고, 이산어로 불리는 지역 사투리를 사용하기에 정서적으로도 이질감이 적다는 것은 경제적인 이유 외에 라오인에게는 충분히 매력적인 곳이다. 이는 라오스에서 라오인들에게 직접 복음을 전하는 일이 제한적인 사역자들에게 기회로 작용될 수 있는 점이다. 우돈타니가 라오스 선교를 위한 거점 도시가 되고 실제로 그 변화의 바람을 일으키는 역할을 감당할 수 있도록 기도하자.

4. 한국 내 이주민의 숫자가 계속적으로 증가하고 있으며, 2030년이면 500만으로 증가할 것이라 예측하고 있다. 국내 체류 비율이 세 번째로 규모가 큰 그룹이 태국에서 온 근로자들이다. 특이한 점은 한국 거주 태국인 중 7,80%가 이산 지역 출신이라는 점이다. 이산 지역은 도시와 농촌간의 격차가 커서 태국 내 가장 큰 도시와 가장 빈곤한 지역도 함께 공존하는데, 농촌의 젊은이들이 일자리를 찾아 대도시나 타국으로 떠나기 때문이다. 국내에 들어와 있는 이산(Isan) 족에게 그리스도의 사랑을 전하고 마음을 나눌 수 있는 크리스천 친구들이 늘어나도록 기도하자. 이들로부터 생명의 떡과 생명수 되신 예수 그리스도를 전해 듣고 믿어 삶이 변화되고, 나아가 자신의 고향으로 돌아가 복음이 확산될 수 있는 전도자로 세워질 수 있도록 기도하자.

5. 펠로우십교회는 의정부에 위치한 태국인 교회다. 펠로우십교회는 90%이상이 이산 지역에서 온 태국인 근로자들이 주를 이루는 교회로 수도권의 정보 공유, 문화 충족, 임시 거처의 중요 거점이 되고 있다. 또한 교회 성도들은 대부분이 한국에서 처음으로 교회를 접하고, 예수님을 만나게 된 이들이다. 이들이 예수 그리스도로 인해 변화되고 한국에 들어온 태국인들에게 그리스도를 전하는 자로 세워지고, 고향으로 돌아간 성도들도 지역교회를 찾아 잘 적응할 수 있도록 기도하자. 이 사역을 감당하는 이용웅, 백운화 선교사가 성령으로 충만하여 제자들을 건강하게 세워갈 수 있도록, 그리고 경기북부 이주민 교회 사역을 위한 연합 네트워크를 통해 총체적인 이주민 사역을 감당할 수 있도록 기도하자.

기도제목 관련 글: IMPAC, 태국 중심의 인도차이나반도권역 선교현장 리서치

- 쿠데타와 태국의 현대사(64p, CAS 13호)
- 북동부의 상업도시, 우돈타니(366p, CAS 13호)
- 이용웅 선교사 & 찾아온 디아스포라
  의정부 펠로우십교회에서 만난 태국 이주민들(452p, CAS 13호)

태국 동북부와 라오스, 캄보디아

라오스, 라오스 선교

1. 라오스는 지정학적 위치 때문에 외부 강대국들로부터 수많은 침략을 당했다. 역사적으로 과거 주변 강대국인 중국·캄보디아·미얀마·태국·베트남의 침략을 받았고, 서구 제국주의의 식민전쟁의 무대가 되기도 했으며, 최근 20세기 베트남 전에서 미국의 호찌민 루트(Hồ Chí Minh Trail) 파괴를 빙자한 대대적인 라오스 폭격을 당하는 등 수많은 굴곡진 역사의 아픔을 겪었다. 고난의 역사를 가진 이 땅을 긍휼히 여겨 주셔서 나라의 안정을 허락하시고 새 시대에 맞는 정책들이 수립되고 정치 지도자들이 인민들을 생각하는 정치를 하도록 기도하자.

2. 라오스는 단일 정당인 '라오인민혁명당(LPRP; Lao People's Revolutionary Party)' 사회주의 공화국이다. 군인들이 주축이 된 공산당 중앙위원회가 통

치하고 있다. 라오인민혁명당의 모체인 '빠텟 라오(Pathet Lao, 라오 공산
당)'는 베트남 독립동맹(League for the Independence of Vietnam)을
모델로 한 사회주의 해방운동단체이다. 이들은 1954년 12월 프랑스로부
터 독립을 이루고 1975년 라오인민민주공화국(Lao People`s Democratic
Republic)을 세웠다. 하나님이 지키지 않으시면 나라를 지키기 위한 이들의
모든 수고가 헛됨을 알게 하시고, 주님의 보호하시는 은혜로 라오스가 평화
로운 나라가 되도록 기도하자.

3. 라오스는 중국과 인도차이나 4개국에 둘러싸인 내륙 국가이다. 북서쪽으로는 미얀마, 남서쪽으로는 태국, 남동쪽으로는 캄보디아, 동쪽으로는 베트남, 북쪽으로는 중국과 국경을 접하고 있다. 국내 인프라가 부족해 주변 국가들을 의존할 수밖에 없는 형편이다. 특히 대부분의 소비재는 태국, 베트남, 중국에서 수입되고 외국인 투자비율도 이 세 나라에 집중되어 있다. 주변 나라들에 구속받는 나라가 아닌 라오스가 자립경제체제로 발전해 나가고 나아가 경쟁력을 갖춘 나라가 되도록 기도하자.

4. 146년 라오스의 선교역사를 보면, '2차 세계대전'과 '1975년 공산화'라는 두 차례의 큰 고난의 시기를 되짚어 보게 된다. 특히 공산화를 거치면서 라오스 선교는 그 이전과는 완전히 다른 철저히 제한된 '구조' 속에 이루어지고 있다. 그 구조는 선교가 '이루어지고'는 있으나 선교의 '방향'을 또한 철저히 제한하고 있다. 이러한 라오스 선교 환경의 제한된 구조와 방향에도 불구하고 선교사들과 동역하는 한국교회의 헌신된 사역과 값진 희생을 통해 온전한 라오스 복음화의 끝이 반드시 오게 되기를 기도하자.

기도제목 관련 글: IMPAC, 태국 중심의 인도차이나반도권역 선교현장 리서치

- 라오스 선교역사, 그 끝을 볼 수 있을까?(234p, CAS 14호)
- 인도차이나의 슬픈 '진주' 라오스(324p, CAS 14호)
- 메콩 강에 울려 퍼진 라오스 연가, 농카이&비엔티안(374p)

태국 동북부와 라오스, 캄보디아

라오스 교회, 라오스 종족, 라오스댐 붕괴와 라오스선교

1. 라오스는 2020년까지 세계 최빈국 탈출을 목표로 삼고 있다. 이와 관련해 현재 라오스의 가장 큰 국정 과제는 국가 건설을 위한 인적 자원 양성이다. 1975년 라오스가 공산화 이후 수십만의 지식인과 중산층이 해외로 대거 이주하면서 생겨난 인력부재의 어려움을 겪게 된다. 라오스 정부는 젊은층을 공산권 국가로 유학을 보내 사회적 지도층으로 양성하기 시작했지만, 급변하는 세계 정세 속에서 이마저도 쉽지 않았다. 라오스의 현재를 이끌어가고 미래를 준비할 인적자원들을 양성할 수 있는 교육 환경이 조성되고, 특별히 복음 안에 실력을 가진 믿음의 인재들이 많이 나오도록 기도하자.

2. 라오스 교회는 '미국의 종교'라는 부정적 이미지와 훈련된 지도자의 부족, 유일한 공식 교단 '라오스복음교단(LEC; Laos Evangelical Churches)'의 물질적 타락과 세대교체 등 해결해야 할 괴제를 안고 있다. 특히 라오스 공산화 당시 선교사가 반군에 개입한 정황과 베트남 전쟁 당시 미군의 라오스 폭격과 그 결과 아직도 남아 있는 불발탄(UXO; Unexploded ordnance) 문제는 선교에 대한 불신과 오해를 낳았다. 계속되는 불발탄 피해가 속히 해결되고 피해자들의 아픔을 위로하고 치유해 주시며, 라오스 선교를 가로막고 있는 여러가지 부정적인 문제들이 해결되도록 라오스 교회를 위해 통회하는 심정으로 중보할 자들이 많이 일어나도록 기도하자.

3. 현재 인도차이나 소승불교권역(베트남, 태국, 미얀마, 캄보디아, 라오스)에
   서 기독교 선교돌파를 위한 최대과제는 바로 '주류 종족(내부 각 계층집단),
   거점 도시와 사람들' 복음화이다. 라오룸(Lao Lum) 족은 라오스 전체 인구
   의 60%를 차지하는 미전도종족이다. 이들이 거주하는 거점지역을 중심으
   로 계층별로 다르게 접근하는 노력이 필요하다. 이를 위해 '라오스지역연구
   회(라지연)'는 라오스 현장 연구를 통해 실질적인 접근 전략을 모색하고 공
   유하려는 노력을 기울이고 있다. 척박한 땅에서 바른 복음을 전하기 위해 수
   고하는 선교사님들과 라오스 현지 기독교인들을 친히 주님께서 격려해주시
   고, 여러 지혜로운 선교 방법들이 모색되도록 기도하자.

4. 라오스 사람들의 주식 '까오니여우(Khao Neow)'는 라오스인들의 따뜻하면
    서도 사뭇 애달픈 정서가 담겨 있다. 밥 먹는 방식에 이러한 정서가 담겨질 정
    도로 오래도록 가난했으며, 지금도 그러하다. 하지만 그들은 까오니여우를
    통해 가난 중에 자족하는 법을 배웠고, 그 속에 함께 하는 사람들을 소중하게
    여기는 정을 배웠다. 또한 이를 통해 힘이 없어 당하는 부침의 상황 속에서도
    스스로 자존심을 지켜왔다. 라오스 선교가 까오니여우에 담긴 그들의 마음을
    깊이 이해하고 어루만질 수 있는 전인적 복음과 그리스도의 사랑이 전해지는
    사역이 되도록 기도하자.

5. 최근 발생한 라오스 댐 'Saddle D' 붕괴사고는 비단 우리나라 기업의 연관성 때문만이 아니라 우리가 품고 기도하던 미전도종족이며, 복음을 전해야 할 책임이 있는 나라 라오스 사람들이 당한 아픔인만큼 이들의 아픔을 위로해 주시고 속히 그들의 삶이 회복되도록 기도하자. 특히 이 사고로 복음을 들을 기회조차 얻지 못하고 죽어간 이 땅의 사람들을 생각하며, 남겨진 이들에게 속히 복음이 증거되도록 라오스 선교를 위해 기도하자. 또한 동남아시아 국가연합(ASEAN: Association of Southeast Asian Nations)이 함께 하는 라오스 정부의 아세안 파워 그리드(APG; ASEAN Power Grid)사업이 이번 사고를 계기로 국민 안전을 담보한 내실 있는 국가발전 사업이 되도록 기도하자.

기도제목 관련 글: IMPAC, 태국 중심의 인도차이나반도권역 선교현장 리서치

- 라오스의 마음을 담는 까오니여우(244p, CAS 15호)
- 라오스 선교 방향과 전략(310p, CAS 15호)
- 큰 불상의 도시 루앙프라방(386p, CAS 15호)

중국의 일대일로 정책으로 인한 선교변화에 따른 리서치 필요,
우본 라차타니, 태국 교회와 선교, 캄보디아의 이슬람

1. 최근 중국과 인도에서의 대규모 선교사 추방 사태와 중국 일대일로(一帶一路 , One belt, One road) 정책으로 인한 급속한 인구이동 현상은 인도차이나반도에 새로운 선교적 필요와 기회를 일으키고 있다. 이번 태·라·캄 리서치를 끝으로 마무리된 지난 3년간의 '태국을 중심으로 한 인도차이나반도 선교현장 리서치'는 바로 그러한 필요와 기회를 포착하고 발굴하고자 애쓴 피땀 어린 헌신의 산물이다. 이것이 향후 계획하는 '태국을 중심으로 한 인도차이나반도 선교현장 리서치 보고서 단행본 발간'을 통해 한국 교회와 선교가 이 시대적 요청에 부응토록 하는데 요긴하게 쓰이는 마중물이 되도록 기도하자.

2. 태국 우본 라차타니(Ubon Ratchathani)는 '연꽃이 만개한 왕의 땅'이라
   는 의미의 땅이다. 그 이름처럼 태국에서도 인구대비 불교사원이 가장 많
   은 곳이며, 예부터 명상과 삼림수도 전통의 본산으로 알려져 왔다. 향후 외
   교문제가 해결되면 라오스, 캄보디아 접경의 '에메랄드 삼각지대(Emerald
   Triangle)'의 개발이 예고되어 우본 라차타니 지역의 인구이동과 새로운 도시
   의 생성 등 큰 변화가 예상된다. 이 변화의 시대를 잘 대비하여 선교적 기회로
   활용하도록, 그래서 이땅이 '복음이 만개한 하나님의 땅'이 되도록 기도하자.

3. 우본 라차타니는 그곳의 특이할 만한 독특한 불교 사원들(우본 사용설명서,
   우본의 왓(절)에는 뭔가 특별한 것이 있다, 248p)에서 알수 있듯이, '개혁',
   '삼림 수도원 전통', '확장성'의 가치가 있는 의미 있는 곳이다. 우본 라차타니
   사람들은 그 가치를 중심으로 사역해 온 불교에 의존한 삶을 오랫동안 살아
   왔다. 우본 라차타니의 선교사들과 지역 교회들 역시 이러한 가치를 심사숙
   고하여 사람들을 만나게 하셔서, 그들의 마음을 얻고 진실한 영적 필요를 공
   급할 수 있는 사역이 되도록 기도하자.

4. 200년 가까운 역사의 태국 선교는 여전히 복음화율 1% 미만의 자립이 어려운 미전도 상태에 머물러 있다. 태국의 한 선임 선교사는 그 원인을 "태국 교회와 선교사들의 사역 안에 영적인 감화가 없기 때문이다."라고 고언 한다. 또한 그는 "이는 토양이 다른 이 땅에서 하나님의 사람으로 바르게 선 사역자, 말씀과 삶으로 그 본을 보여 줄 수 있는 사역자가 있는가의 문제이다."라고 말한다. 역사가 오래 되면서 사역의 기술이나 규모의 진보는 있지만, 진정한 영적 변화와 부흥의 증거는 찾기 어려운 기갈의 땅, 태국에 말씀과 영혼에 천착한 하나님의 사역자를 보내시고 일으키셔서, 그 땅을 흔드는 하나님의 임재의 영광을 나타내시도록 기도하자.

5. 캄보디아를 중심으로 흥망성쇠를 이루었던 앙코르(Angkor)와 참파(champa) 왕국은 과거의 찬란했던 영화에도 불구하고 오늘날 그 명암을 달리 한다. 앙코르 왕국은 현재 캄보디아의 주류 크메르(Khmer) 족의 역사로서 지금도 그 역사와 정체성 위에 캄보디아가 서 있는데 반해, 참파 왕국은 베트남에게 패망한 이후 국가를 잃고 베트남과 캄보디아로 흩어져 비주류 참(Cham) 족으로 살아가고 있다. 특히 캄보디아에 거주하는 약 50만 명의 참 족은 대부분 무슬림들로서 내부적으로 소외를 받으며, 외부 이슬람 국가들의 도움으로 명맥을 이어가고 있다. 캄보디아의 소수 미전도종족 참 족 무슬림들이 과거 역사 속 왕국이 아닌 하나님 나라 왕국의 복음 안에서 다시 부흥과 회복의 기회를 얻고 하나님의 참 백성(참 족)들이 되도록 기도하자.

기도제목 관련 글: IMPAC 태국 중심의 인도차이나반도권역 선교현장 리서치

- 우본 사용설명서, 우본의 왓(仔)에는 뭔가 특별한 것이 있다(248p, CAS 19호)
- 세 왕국 이야기(262p, CAS 19호)
- 태국 이산 남부 지역의 꽃, 우본 라차타니(396p, CAS 19호)
- '베테랑의 겸손' 우본 라차타니의 박선진 선교사(462p, CAS 19호)

캄보디아, 라오스 빡세, 싸완나켓

1. 1억 이상의 미전도종족인 타이족 계열의 소위 '타이 세계'는 인도차이나반도 선교의 핵심이라고 할 수 있다. 태국, 미얀마, 라오스, 베트남 뿐 아니라 중국과 인도 지역까지 흩어져 서로 다른 양상으로 정착한 이들은 역사적 동질성과 이질성을 함께 가지고 있어 전체를 아우르면서도 각 종족 그룹에 맞는 선교전략 수립이 필요하다. 선교적 포스트 차이나(Post China) 시대에 1순위로 떠오른 전략적 재배치 지역으로서 '타이 세계'에 대한 이해와 사역 주체들 간의 연대를 바탕으로 새로운 선교적 도전이 활발하게 일어나도록 기도하자.

2. '에메랄드 트라이앵글(Emerald Triangle)'은 인도차이나 반도 태국-라오스-
   캄보디아 접경인 '총복(Chong Bok)'을 중심으로 한 녹색 삼림지대를 의미
   한다. 이 지역은 역사적으로 전쟁이 빈번했지만, 1990년대부터 평화, 협력
   의 노력이 있어왔다. 최근 태국과 캄보디아 간의 '카오 프라위한(태국) 또는
   프레아 비헤아르(캄보디아)' 사원을 둘러싼 국경분쟁이 심화되어 그 노력들
   이 좌초될 위기에 처했다. 이 에메랄드 트라이앵글 지역의 지속적인 평화는
   단지 경제협력의 차원에서뿐만 아니라 이 지역의 새로운선교적 돌파와 기회
   를 위해서도 중요하다. 국가 간의 역사적 자존심이나 이해관계를 넘어선 용
   서와 화해, 평화와 협력의 새 바람이 다시 일어나도록 관심을 가지고 함께
   기도하자.

3. 라오스 수도 비엔티안(Vientiane, 위앙짠)에서 남으로 600Km 거리의 빡세(Pakse)는 세돈(Xe Don) 강과 메콩(Mekong) 강이 합류하는 지점의 아름다운 도시이다. 빡세는 많이 알려져 있지 않지만, 고대 크메르(Khmer) 문화[왓 푸(Wat Pu)]와 20세기 식민시대 프랑스 문화의 흔적들을 볼 수 있으며, 태국과 베트남, 캄보디아를 잇는 교통 허브와 볼라벤 고원(Bolaven Plateau) 커피 산지[빡송(Paksong)] 등 매력적인 요소가 많은 도시이다. 최근 라오스 남부 경제 거점으로 급성장하고 있어 이 지역으로의 선교적 기회와 가능성도 다양해질 것으로 예상된다. 빡세를 중심으로 다양한 전문성을 가진 많은 선교사들이 파송되어 상대적으로 선교 불모지로 남아있는 라오스 남부 지역 선교의 부흥이 오도록 기도하자.

4. 빡세-비엔티안 간 13번 도로 상에 있는 인도차이나반도 동서회랑의 관문도
   시인 싸완나켓(Savannakhet)은 미얀마-태국-라오스-베트남을 연결하는 최
   단루트의 중심에 있다. 싸완나켓은 '라오스의 삼성' 코라오 공장, 싸완-세노
   (Savanh-Seno) 경제특구 등 산업시설과 과거 프랑스 식민시대 유럽풍 건
   물들이나 성 테레사 성당 등 유적이 있어 매력이 잠재된 가능성의 도시이다.
   그래서 지금이 선교적 토양을 마련하는 기회의 시간이 될 것이며, 그 기회를
   통로로 삼아 복음의 뿌리를 내릴 일꾼들이 많이 필요한 곳이기도 하다. 라오
   스를 품은 교회와 선교사들이 싸완나켓의 잠재된 가능성과 하나님의 부르심
   의 비전을 보고 헌신하게 되기를 기도하자.

기도제목 관련 글: IMPAC 태국 중심의 인도차이나반도권역 선교현장 리서치

- 인도차이나의 최대 미전도종족 1억명의 타이 세계 사람들(30p, CAS 20호)
- 에메랄드 트라이앵글; 화해와 협력의 희망(278p, CAS 20호)
- '어머니 강'에서 진짜 '라오스'를 발견하다, 라오스 남부 중심도시 빡세(408p, CAS 20호)
- 현대판 '낙원'을 꿈꾸다, 라오스 남부 최대의 도시 싸완나켓(418p, CAS 20호)

<h2 style="text-align:center">태국 동북부와 라오스, 캄보디아</h2>

<h2 style="text-align:center">미전도종족, 방콕 무슬림, 캄보디아 선교현황,
라오스 박다니엘 선교사</h2>

1. 지난 2016년부터 본 선교회가 인도차이나반도 현장 리서치를 통해 만난 그 땅의 주요 미전도종족들은 미얀마 버마(Burmese) 족, 샨(Shan) 족, 라카인[Rakhine, 또는 아라칸(Arakan)] 족, 태국 타이(Thai) 족, 이산(Isan) 족, 타이 무슬림(Thai Muslim), 빠따니 말레이(Pattani Malay) 족, 라오스 라오(Lao) 족, 캄보디아 크메르(Khmer) 족, 참(Cham) 족 등 10개 종족이다. 이들을 위한 선교는 짧게는 수십 년, 길게는 200년이 다 되어 가는 경우도 있지만, 그 역사가 무색하게 이들 모두 여전히 '미전도종족'으로 우리의 남은 과업으로 남겨져 있다. 여러 가지 현실적인 이유들이 있으나, 어쨌든 이들 미전도종족 선교에 전략적인 우선순위를 두고 역량을 집중하는 교회들이 많지 않다는 것은 부인할 수 없는 사실이다. 이제부터라도 한국 교회와 선교계가 다시 '남은 과업'으로서의 '미전도종족 선교'에 우선순위를 두고, 그들을 찾아내고, 알아가며, 그들을 위해 선교사들을 보내고, 책임지고 기도하는 일에 집중하게 되기를 함께 기도하자.

2. 본 선교회의 인도차이나반도 현장 리서치는 '태국을 중심으로'라는 공통의
   관점을 가지고 진행되었기 때문에 태국과 인접한 미얀마, 라오스, 캄보디아,
   말레이시아 간의 국경은 매우 중요한 관심사가 되었다. 우리에게는 익숙하
   지 않은 이 국경이라는 장소는 단순히 나라와 나라의 경계를 넘어선 다양한
   이주민들과 그들의 문화, 복잡한 정치와 경제가 공유되고, 한데 어우러지는
   그야말로 모든 영역의 '만남의 장소'이다. 그러하기에 이곳은 복음이 자연스
   럽게 흘러갈 수 있는 선교적 기회의 땅이기도 하다. 여러 국경지대에서 사역
   하는 헌신된 선교팀들과 그곳에서 복음을 들은 현지인 믿음의 형제, 자매들
   을 위해 기도하자. 또한 이들을 통해 그들의 원거주지로 복음이 전해지고,
   그 땅이 복음화되도록 함께 기도하자.

3. 태국은 전통적이고 거의 절대적인 불교국가로 알려져 있지만, 전국적으로 전체 인구의 약 10% 넘는 무슬림들이 공존하는 나라이다. 하천 공사와 도시 건설을 위해 강제 이주된 역사로 인해 주로 방콕 중심의 수도권 지역과 아유타야 지역에 집단 거주지가 형성되어 있고, 이들의 원거주지인 남부 말레이시아 접경의 빠따니 말레이 지역을 중심으로 현재에도 확산 분포되고 있다. 태국 무슬림들에게 앞으로 더 주목해야 할 이유는 분명하다. 이들은 불교 주류 사회 속의 비주류 무슬림이라는 사실이다. 이는 이슬람 주류 국가에서는 거의 불가능한 다양한 선교적 시도가 비교적 위험에 덜 노출되면서도 자유롭게 가능하다는 것을 의미한다. 특히 아직은 닫힌 지역인 대부분의 이슬람권 선교를 준비하고 훈련할 수 있는 기회가 이곳에 있으며, 빠따니 말레이 지역은 과거 테러 등의 위험이 아직 완전히 제거되지 않았지만, 인근 지역을 베이스로 한 비거주 사역이 가능할 정도로 안정화 되었고, 이웃 무슬림들을 향한 복음 전도와 제자훈련도 가능하다. 이미 이 가능성을 보고 사역하고 있는 태국의 무슬림 선교사들과 전략적인 무슬림 선교를 위해 태국으로 향하는 선교사들과 선교단체, 교회들이 많이 일어나도록 함께 기도하자.

4. 캄보디아는 주변 인도차이나반도 국가들에 비해 자유로운 선교 환경으로 인해 인구(1,600만) 대비 가장 많은 한인 선교사(약 2,000여명)가 사역하는 나라이다. 그러나 많은 선교사 수에도 불구하고 '양과 질의 불균형'과 그로 인해 야기되는 여러 가지 선교지 혼란의 문제가 2023년 한인 선교사 파송 30주년을 앞두고 시급히 해결되어야 할 중요한 과제로 대두되고 있다. 이와 함께 캄보디아 '현지 교회의 자립' 문제도 중요한 과제로 부각되고 있다. 각 교단별로 현지 교단들을 세우고 협력하고 있지만, 여전히 선교사 의존적이며 현지인 독자 자립은 이루지 못했다는 한계를 가지고 있다. 앞으로 성령의 인도하심으로 국내와 현장의 선교 주체들 간에 이를 위한 실제적인 논의가 이루어지게 하시고, 캄보디아 현지 교회가 현지인들 중심으로 바르고 건강하게 세워지도록 함께 기도하자.

5. 박다니엘 선교사는 평신도로서 선교지에서 안정적으로 NGO 사역을 하다
가, 그 땅 영혼들의 참된 필요와 하나님의 부르심에 순종하여 한국에서 신학
과 말씀의 훈련을 받고 다시 그 땅으로 돌아가 한 영혼을 온전히 세우기 위해
조용하지만 영향력 있는 삶과 사역을 감당하고 있는 선교사이다. 특히 그는
다시 선교지로 들어가면서부터 현지인 중심의 사역이 이루어질 수 있도록
전략적으로 고민하며 헌신된 한 사람을 통해 그들에 의한 그 땅의 교회가 세
워질 수 있도록 고군분투하고 있다. 박다니엘 선교사를 통해 그 땅에 생존하
기 위한 사역이 아니라, 진정으로 그 땅의 영혼들을 하나님의 사람들로 세우
는 사역이 이루어지고, 그 열매가 풍성하게 맺힐 수 있도록 함께 기도하자.

기도제목 관련 글: IMPAC, 태국 중심의 인도차이나반도권역 선교현장 리서치

- 태국 무슬림 복음화를 위한 도전(46p, CAS 21호)
- 조용히, 삶으로 복음이 전해지길 소망하는 박다니엘 선교사(476p, CAS 21호)
- 캄보디아 선교의 뜨거운 감자-한인 선교사 수(數)와 교회 자립(336p, CAS 21호)
- 태국을 중심으로 한 인도차이나반도 주요 국경들(428p, CAS 21호)

태국 남부, 태국 남부 현지교단 및 선교사,
태국 남부의 환경, 열악한 선교 상황

1. 태국 남부는 지형적으로 동서로 안다만(Andaman) 해와 타이 만(Gulf of Thailand)에 둘러 싸여 있고, 남단으로는 말레이시아와 맞닿아 있다. 따라서 문화적으로 말레이, 중국, 태국 등 모두의 문화가 각각 독립적으로 존재하기도 하면서 혼재하고 있는 것이 큰 특징이다. 남부 태국이 영적으로 더욱 가치가 있는 것은 약 6백만에 달하는 '팍따이(Pak Tai, 남부타이)'라는 미전도 된 사람들 때문이다. 태국선교의 당면 과제가 주류 타이(Thai) 족의 복음화이기에 남부 태국의 '팍따이' 족은 충분히 주목할 필요가 있다. 이 지역에 복음적인 돌파가 일어나도록 기도팀이 세워지고, '팍따이'를 마음에 품은 사역자들이 많이 일어나도록 기도하자.

2. 태국 남부는 종교적으로는 태국이라는 큰 틀에서 소승 불교가 주류이지만, 다른 지역에 비해 무슬림이 많은 지역이다. 특히 빠따니 말레이[빠따니(Pattani), 얄라(Yala), 나라티왓(Narathat), 무슬림 80％이싱]는 불교국가 태국에 속해 있으나 인종, 언어, 종교, 문화가 이질적인 이슬람 주류 지역이다. 그로인해 오랜 세월 분리 독립을 위한 폭력 사태와 테러 속에 고통 받아 왔고, 이 과정에서 선교사 철수와 선교의 기회 차단이라는 결과가 발생했다. 그러나 최근 위험요소가 감소하며, 새로운 변화가 감지되고 있다. 이 지역이 속히 안전하고 평화로운 땅이 되고, 다시 자유로운 선교와 복음의 역사가 회복되도록 기도하자.

3. 2019년 현재, 태국 남부는 현지교단이나, 한국선교사들의 경우에도 최소 사역자(26 유닛)들이 배치되어 사역하고 있는 것으로 드러났다. 전체 한국 선교사들의 80%이상이 방콕(Bangkok)과 치앙마이(Chiang Mai) 두 도시에서 사역하고 있어 향후 2-3년 사이에 극심한 배치 불균형으로 인한 제반 문제가 불거질 것으로 보인다. 한국의 교단, 단체, 지역교회들의 선교사 파송, 배치, 단기선교지 선택에 있어서 주님께서 우리에게 무엇을 원하시는지 다시 묻고, 태국 전체 복음화를 생각하는 관점과 배치 정책이 교단별, 단체별로 수립되도록 기도하자. 특별히 선한 청지기로서 이 시대의 기회를 선용하여 남은 과업을 수행할 수 있는 한국교회와 선교사들이 되길 함께 기도하자.

4. 태국 남부는 복음 전래 120년에 가까운 선교역사를 가지고 있다. 그러나 현재 900만 인구 가운데 복음화율은 0.3%도 되지 않는다. 그럼에도 이곳에 상주하는 한국인 선교사 수는 26 유닛으로, 산술적으로 선교사 1유닛 당 무려 인구 35만 명을 감당해야 하는 선교사 저(低)파송 지역이다. 이와 같이 태국 남부는 여전히 더 많은 선교사와 복음사역이 필요하다. 이곳으로 사명을 가진 선교사뿐만 아니라 현지인 목회자들이 보내어지도록 기도하자. 더불어 소수의 남부 그리스도인들을 굳건하게 붙들어 주셔서 이웃에게 복음으로 다가갈 수 있는 담대함을 주시도록 기도하자.

5. 열악한 환경과 테러라는 위협에 현지인 사역자들도 꺼려하는 남부지역에서 사역하고 있는 선교사들로 인해 감사하고, 이들을 보호해 주시기를 기도하자. 남부의 독특한 특성에 맞는 전략적인 선교접근들이 이루어져 열매를 맺을 수 있도록 기도하자. 특별히 묵묵히 29년을 태국 남부에서 현지인과 긴밀한 사역을 해오신 나콘 시 탐마랏(Nakhon Si Thammarat)의 권오혁, 우종복 선교사를 위해 기도하자. 개척하신 새비전교회가 건강하게 세워지고, 신학교 사역을 통해 태국 남부를 위한 다음 세대를 키워낼 수 있는 역량있는 학교가 되도록 기도하자.

기도제목 관련 글: IMPAC, 태국 중심의 인도차이나반도권역 선교현장 리서치

- 남부 태국의 의미와 중요성(506p, CAS 16호)
- 태국 남부는 아직도 선교사가 고프다(518p, CAS 16호)
- 태국 남부 SOUTH THAILAND를 가다(526p, CAS 16호)
- 복음의 황금어장, 태국 남부를 지키는 권오혁, 우종복 선교사(560p, CAS 16호)

태국 화교, 나콘 시 탐마랏, 쑥반 목사부부

1. 오늘날 태국 화교(Thai Chinese)는 약 705만 명으로 태국 전체 인구의 약 14%이다. 태국과 중국의 관계는 13세기 중반부터 시작되었으나, 19세기 들어 중국 남부의 급격한 인구 증가와 천재지변, 기근 등이 겹치면서 수많은 중국인 노동자들이 태국으로 대거 유입되어 오늘에 이르렀다. 처음에는 하층 노동자로 시작했으나, 중국인 특유의 개척정신으로 현재는 태국의 20여 개 재벌 중 왕실 및 정부계 그룹을 제외한 약 80%가 화교 그룹일 정도로 태국 주요 경제권을 장악하고 있다. 그럼에도 그들은 태국 정부의 동화정책을 통해 중국인이라기보다 태국어를 사용하고, 태국의 이해를 우선시하는 태국인으로 살아간다. 이러한 화교 그룹은 비교적 기독교인 비율이 높은 편이라 이들을 통한 선교전략을 모색해 볼 수 있다. 태국화된 화교 기독교인들을 통한 태국 상류층 선교와 나아가 태국의 변화와 복음화를 위해 기도하자.

2. 태국 남부의 고도(古都) 나콘 시 탐마랏(Nakhon Si Thammarat, 이하 나콘)은 말레이 반도 동해안에 위치하고 있어, 고대로부터 중국과 인도를 잇는 중계무역의 거점이 었다. 또한 석가의 치아를 봉안한 체디(chedi, 불사리탑)로 유명한 '왓 프라 마하탓(Wat Phra Mahathat)'이 있어 나콘은 태국 불교의 보루와 같은 중요한 의미를 갖는다. 나콘은 불교의 도시이기도 하지만, 태국 남부 선교가 시작된 곳이기도 하다. 1900년 나콘 베들레헴 교회와 함께 의료, 교육 선교가 시작되어, 현재도 20여개 교회와 나콘 크리스천 병원(NCH; Nakorn Christian Hospital)과 나콘 시탐마랏 쏙사(Sithammarat Suksa School) 학교가 남아 있다. 그러나 현재 이곳에 교회를 담당할 목회자와 크리스천 의사, 간호사, 교사들이 턱없이 부족해 선교의 유산들이 더 이상 복음의 대를 잇기 어려운 현실이다. 나콘과 태국 남부 선교의 복음화를 이끌어갈 헌신자들과 지도자들이 훈련되고 세워 지도록 기도하자.

3. 태국 남부에는 '남부의 성인'으로 불리는 쑥반 목사 부부가 있다. 1971년, 북부 출신으로서 나콘 베들레헴 교회에 목회자가 없다는 소식을 듣고 선교사의 마음으로 태국 남부로 내려간 이래, 2013년 은퇴하기까지 무려 42년간 한결같이 오로지 전도와 제자양육에 헌신한 귀한 현지인 목회자 부부이다. 불모지 같은 곳에서 10여 명의 목회자와 특히 태국 CCT(The Church of Christ in Thailand, 태국기독교총회, 1934년 설립) 총회장과 총회 총무, 현 베들레헴 교회 담임목사 등을 길러냈다. 그럼에도 불구하고 태국 교회는 은퇴한 목회자에 대한 노후대책이 전혀 없는 상태여서, 쑥반 목사의 남은 생애에 하나님의 돌보심이 필요하다. 평생을 수고하고 애쓴 쑥반 목사 부부의 이 땅에 서의 남은 삶이 풍성하도록, 그 제자들이 쑥반 목사의 본을 받아 구령의 열정과 헌신된 삶으로 충성을 다해 사역할 수 있도록 기도하자.

기도제목 관련 글: IMPAC 태국 중심의 인도차이나반도권역 선교현장 리서치

- 태국의 화교(74p, CAS 17호)
- 태국 남부 전통과 불교의 뿌리, 나콘 시 탐마랏(540p, CAS 17호)
- 복음에 뿌리를 내린 믿음의 선배, 텅므안 쑥반, 까룬 쑥반 목사(568p, CAS 17호)

태국 남부 지역, 태국 남부의 환경, 열악한 선교상황, 핫야이 사역자 이완균 선교사

1. 태국 최남단 '빠따니 말레이[빠따니(Pattani), 얄라(Yala), 나라티왓(Narathat), 사뚠(Satun)]'는 공식 상주 선교사가 '0'인 곳이다. 동남아 최초의 독립 이슬람 왕국이었으나, 20세기 들어 외세들에 의해 태국과 말레이시아에 분할 합병되면서 1960년대부터 분리독립을 요구하는 테러와 무장투쟁이 계속된 위험지역으로 분류되었다. 특히 2004년 대규모 테러 발생으로 상주 선교사들이 전원 철수했으나, 2012년 얄라, 핫야이(Hat Yai)의 대규모 연쇄 폭탄테러를 정점으로 다소 소강상태를 보이며, 현재는 긴장이 완화되는 추세이다. UPMA 리서치 팀의 방문 때(2018)는 외부 우려에 비해 평화로운 지방 도시의 모습을 확인할 수 있었고, 핫야이를 베이스로 비거주 사역을 통해 재진입을 타진해 볼 상황은 조성된 것으로 파악된다. 이와 같이 서서히 변화의 기운이 일어나는 이 지역에 새롭게 관심을 가질 교회와 선교사들이 일어나도록, 그래서 성령의 새 봄날이 이곳을 복음으로 꽃피우도록 기도하자.

2. 태국 남부의 선교 전선이 후퇴된 사이, 남부 무슬림들은 경제적 생존 등 다양한 이유로 태국 남부 지역 전역으로 확산되고 있다. 태국 남부 무슬림은 '태국 불교 주류(majority) 사회 안에서 비주류(minority)로 살아가는 다수의 무슬림'이라는 독특한 사회구조 속에서 이해할 수 있다. 그로 인해 다른 주류 이슬람 국가들과는 완전히 다른 이슬람 선교와 훈련의 기회가 열려 있다. 전 세계적으로 점점 더 이슬람 선교의 문이 닫히는 상황 속에서 이슬람 선교의 비전을 가진 교회와 선교사들이 이 열린 기회의 부르심에 반응하고 순종하도록, 또한 이를 위한 한계돌파를 위한 전략과 헌신, 조직되고 연합된 동역이 이루어지도록 기도하자.

3. 한때 'The Deep South'에 속해 '여행철수권고'가 발령되기도 했던 쏭클라 (Songkhla) 짱왓(Changwat, province 개념의 태국 행정단위)에 속한 핫 야이 시는 짱왓의 주도인 쏭클라 시보다 크고 발전된 도시이다. 2012년 폭 탄 테러 이후 예전의 활기를 다소 잃어버리기는 했지만, 여전히 태국 남부의 교통, 교육, 경제의 중심지이다. 핫야이는 태국인과 무슬림들이 공존하는 가 운데, 상권은 중국 화교들이 장악하고 있다. 그래서 여러 종족과 종교, 문화 가 공존하여 한마디로 핫야이를 설명하기는 어렵지만, 그만큼 다양한 가능 성과 기회가 있는 곳이기도 하다. 빠따니 말레이 3개 짱왓에 비해 빠르게 안 정화되어 가고 있어 향후 빠따니 말레이 무슬림 선교를 재개하기 위한 관문 이자 베이스 캠프로서의 역할이 기대된다. 다양한 기회의 땅, 핫야이에서 태 국 남부 선교의 새로운 부흥이 시작되도록 기도하고, 핫야이를 기반으로 한 무슬림 선교의 새로운 시도가 일어날 수 있도록 기도하자.

4. 핫야이에는 현지인들에게 '짜오라비얍(원칙주의자)'라고 불리는 15년차 이완균, 양란주 선교사가 사역하고 있다. 선교사가 없는 곳, 자신들이 필요한 곳을 찾아 태국 남부 핫야이까지 내려온 이들은 처음에는 실패와 아픔을 겪기도 했지만, 현지인들이 붙여준 별명처럼 선교적 소신과 원칙을 지키는 뚝심있는 사역을 계속해 왔다. 지금은 13년간 집중해 온 교육문화사역과 사역의 열매인 제자들과 함께 2017년에 새롭게 개척한 '핫야이교회'를 중심으로 왕성하게 사역하고 있다. 남들은 테러 위협으로 기피하는 곳을 기회의 땅으로 여기고, 복음의 꽃을 활짝 피우고 있는 이완균, 양란주 선교사 부부와 핫야이교회가 끝까지 원칙을 지키며 태국 남부의 다음 세대들을 복음과 믿음으로 길러내도록, 함께 돕는 손길들을 많이 붙여주시도록 함께 기도하자.

기도제목 관련 글: IMPAC 태국 중심의 인도차이나반도권역 선교현장 리서치

- 그곳에 무슬림들이 살고 있었다.(486p, CAS 18호)
- 태국과 고무나무(498p, CAS 18호)
- 다양성이 공존하는 태국 남부 최대의 도시, 핫야이(550p, CAS 18호)
- 핫야이의 '짜오라비얍' 이완균, 양란주 선교사(576p, CAS 18호)

U/P/M/A
미전도종족선교연대

UPMA(Unreached People Missions Alliance)는 KWMA(한국세계선교협의회)의 산하 독립연대기구로서 1993년 설립되어 **교회, 선교단체, 현장 선교사와 연합**하여 **미전도종족의 복음화**를 위해 사역하는 **선교전략정보연구네트워크 선교단체**입니다.

UPMA가 하나님이 우리를 부르신 **선교적 사명(Mission)**이라면,
SIReN은 우리의 **선교적 정체성(Identity)**이며,
CAS는 우리의 **선교적 관점(Perspectives)**입니다.

UPMA 정체성: SIReN

Strategy(전략)
전방개척선교 돌파를 위한 전략

Information(정보)
현장의 다양하고 신속한 정보

Research(연구)
도시와 종족, 권역, 영역별 연구

Network(네트워크)
지역교회, 선교현장의 동역 네트워크

UPMA 전략 관점: CAS

City & people
'도시와 종족'의 관점으로
선교현장을 바르게 이해하고

Area
'미전도전방개척권역'에
우선성을 두어 중복을 피하며,

Specialization
'사역 영역 전문화'를 통한 선교역량
다변화를 추구하는 네트워크 선교전략

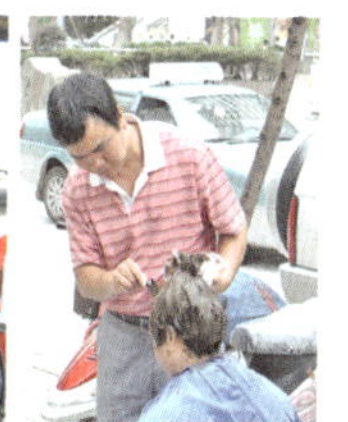

UPMA 현장리서치 사역

훈련된 '전략정보네트워크 선교사(SIReNer)'들이 오늘의 선교현장 속에 살아가는 미전도종족들의 삶과 선교적 필요를 알리기 위해 직접 찾아가 만나고, 실제로 발로 누비며 '그들을 향하신 하나님의 마음을 배우는 사역'을 수행하고 있습니다.

국내 다문화·이주민 선교 리서치 | 2021년 진행 중
인도차이나반도권역 | 2017~2019년
중국 광서쫭족자치구 | 2016년
이주민사역(경기, 이태원 등) | 2015년
서남아무슬림권역 | 2014년
한국의 미전도종족선교 20년 리서치 | 2012~2013년
온누리교회, 바울선교회 선교사역 컨설팅 | 2010년, 2011년

UPMA는 남은 과업으로서의 선교의 방향을 분명히 알리는 파수꾼과 등대의 역할을 감당할 것입니다.여러분의 동역이 선교의 방향을 바꿀 수 있습니다.

Web 저널 'CAS(카스)'는

현장 리서치를 기반으로 UPMA(미전도종족선교연대)가 발행하는 **선교전략정보 웹 저널입니다**. 알려지지 않은 **선교현장 정보**와 **시급한 선교전략적 필요**를 공유합니다. UPMA는 CAS를 통해 변화하는 시대의 **선교전략정보네트워크(SIReN) 플랫폼을 지향**합니다.

D·I·G·I·T·A·L JOURNAL CAS

02
성경이 말하는 CAS

사도행전(5) 안디옥 교회, 선교사 파송

성경에서 '안디옥'이라는 이름이 처음 등장한 것은 사도행전 6장에서입니다. 거기서 초대교회 일곱 집사를 세우는데, 그 중 한 명이 "안디옥 사람 니골라"입니다. 그 후에 한참 언급이 없다가, 11장 19절에서 스데반 순교 후 일어난 박해 때문에 ……

04
CAS 디스커버리

태국의 무슬림 복음화를 위한 도전

필자는 태국의 무슬림사역자로 지난 2006년 3월에 태국에 입국했다. 이 글은 학적인 목적이 아니라, 아직도 우리에게 많이 알려져 있지 않고, 복음으로부터 소외된 상태의 태국 내 무슬림들을 향한 선교적 도전이 일어나기 원하는 소망 ……

01
엄마 생각

**코로나와 선교, 선교사에 관한 단상
: 사스와 메르스 때 개인 경험**

최근 코로나로 전 세계가 어려운 시국에 감염병 유행과 관련된 과거 기억들이 되살아난다. 첫 번째는 지난 2003년 사스(SARS, 중증급성호흡기증후군)의 기억인데, 그때 나는 선교사로 중국에 있었다. 당시 아버지가 그 해 5월에 돌아가셨는데 ……

03
이슈 인사이드

**캄보디아 선교의 뜨거운 감자
: 한인 선교사 수(數)와 교회 자립**

캄보디아를 연상하면 가장 먼저 떠오르는 것이 바로 '앙코르 와트(Angkor Wat)'이다. 캄보디아 역사상 크메르 제국 혹은 앙코르 제국으로 불리며 인도차이나를 다스리던 때부터 지금까지 캄보디아의 정체성이 바로 앙코르 와트이기 때문이다. ……

05
도시와 사람들

**태국을 중심으로 한
인도차이나반도 주요 국경들**

본 선교회의 태국 출신의 인도차이나반도 현장 리서치에서 다른 주요 국경들에 대한 이해를 돕기 위해 지도상의 위치와 간략한 소개를 정리하였다. 국경은 국가별로 정리하였고, 여기서 소개한 국경 외에도 많은 국경 통로들이 있지만 ……

06
엄마가 만난 사람

**조용히, 삶으로 복음이 전해지길
소망하는 박다니엘 선교사**

박다니엘, 아내는 권사라 선교사이다. 아이들은 4세부터 17세까지 4남매를 두고 있다. 2000년 초부터 O국에서 일하다가 평신도 선교사였던 아내를 만나 결혼하여 파송 받았다. 2000년에는 대사관 파악 교민 수가 80여명이었다. 대사관 직원, 선교사 몇 사람만 빼고는 ……

07
미전도종족

인도차이나반도권역을 위한 기도

지난 2016년부터 본 선교회가 인도차이나반도 현장 리서치를 통해 만난 그 땅의 주요 미전도종족들은 미얀마 버마족, 산족, 라카인족, 태국 타이족, 이산족, 타이 무슬림, 베트남 킬레이족, 라오스 라오족, 캄보디아 크메르족, 참족 등 10개 종족이다. 이들을 위한 선교는 짧게는 수십 년 ……